누군가 내 이름을 불러주었다

김능자 시집

누군가 내 이름을 불러주었다

2026년 1월 25일 인쇄
2026년 1월 31일 발행

지은이 김능자

펴낸이 강경호 편집장 강나루 디자인 정찬애
펴낸곳 도서출판 시와사람
등록 1994년 6월 10일 제 05-01-0155호
주소 광주시 동구 양림로119번길 21-1(학동)
전화 (062)224-5319 E-mail jcapoet@hanmail.net

ISBN 978-89-5665-813-1 03810

값 12,000원

*잘못된 책은 구입하신 서점에서 바꾸어 드립니다.
*지은이와의 협의로 인지를 붙이지 않습니다.
*이 책은 한국예술인복지재단에서 창작기금을 받아 만들었습니다.

이 도서의 국립중앙도서관 출판예정도서목록(CIP)은
서지정보유통지원시스템 홈페이지(http://seoji.nl.go.kr)와
국가자료종합목록 구축시스템(http://kolis-net.nl.go.kr)에서
이용하실 수 있습니다.

누군가 내 이름을 불러주었다

■ 시인의 말

내게 즐겁고 행복한 일은 글 쓰는 일이다.

그러나 일제강점기의 어린시절, 우리 말과 글을 못쓰게 하여 일본 순사의 눈을 피해 우리 글을 익혔다. 해방 후 학교에서 우리말을 배웠지만, 내가 우리 글로 시를 쓰고 에세이를 쓰는 작가가 되었으니 자랑스럽고 여한이 없다.

생이 깊어지면서 옛 생각에 젖는 날이 많아진다.

오랜만에 펴내는 이 시집은 나의 유년과 고향, 그리고 부모님 등 옛추억에 힘입은 바가 크다.

고맙고 감사한 마음으로 이 시집을 세상에 내놓는다.

2026년 1월 22일

저자 김능자

누군가 내 이름을 불러주었다 / 차례

제1부 까치놀

제2부 그곳에 가면

제3부 봄비 내리는 날

제4부 노란 리본

누군가 내 이름을 불러주었다

제1부

까치놀

까치놀

지석강 가 자갈밭에 서면
가슴이 소르르 젖어든다

평생 같이할 줄 알았을까
어머니 떠난 서방정토 붉게 물든 하늘
그리 섧게 곱더니

해설피 강물살 징검징검
밟고 오시던 빈 그림자
손사래만 아련히 스러지고

불타는 까치놀만
시리도록 번득거린다.

자갈밭에서

해마다 봄이 오면
척박한 자갈밭에
씨앗을 뿌리고 모종을 심으시던
어머니 생각

어스름한 새벽녘 쪽빛 차맛자락
바람결에 휘날리며
종종걸음으로 걸어가시던
그 모습이 사무치게 보고 싶네

어정어정 칠월이 가고
보름달이 둥둥 떠오르는 팔월
가을의 문턱에서 해가 서산으로 기울면
내 눈시울은 붉어지고

푸른 잎사귀들이 나래를 접고
밤새 내려앉은 풀물 든 이슬방울이
메뚜기들의 속날개에 젖어들면

자갈밭을 부릅뜬 눈으로 지켜보며
삐딱하게 서 있는 허수아비들
새들도 부러운 듯 비켜가곤 했네.

사모곡

어머니 여위실제 못 가 뵌 내 심사가
그렇게 틈새 없어 요다지 아리는 가슴
다시금 고쳐 못 할 일 어찌하면 좋을까

황혼에 핀 박꽃이 저리도 희건 만은
찬란한 노을빛은 스러져 흔적 없고
애절한 빈 가슴에 그리움만 쌓이네

엊그제까지도 고우시던 어머니
어언간 가슴에 단풍물 스며드느니
애틋한 당신 모습을 닮아가나 봅니다.

낯익은 목소리

마음을 둘 데 없을 땐 꽃 한번 만져보고
서러움이 밀물지면 깊고 푸른 하늘을 바라보며
억울하고 분할 땐 어머니를 부릅니다

가다가 막다른 골목에 서면
뒤돌아보고 벼랑을 내려다보고
어쩔까, 되돌아갈까, 강폭에 뛰어들까

그때마다
저만치서 부르는 귀에 익은 소리
아련히 들려오는 어머니 목소리
한사코 어머니 목소리를 붙잡고 갑니다.

이제 그만

마지막 흙 한 삽 뿌려 얹고
빈 가슴 추스르며 허겁지겁 돌아오니
어머니는
아랫목에 흘린 세월 쓸어안고 있었습니다

못난 딸이 딛고 가는 살얼음 길
조바심 앞에 두 손 모으신 어머니
그 이름, 입술로 되뇌기 전에
소르르 고이는 눈물은 어인 까닭입니까

어머니 내 어머니, 이제 그만
날개옷 차려입고 훨훨 날아올라
그곳에서도 모든 것 다 누리세요
저희들은 어머니가 드리운 그늘 아래서
비 내려도 젖지 않고 잘 지낼 것입니다.

어머니의 말씀

엄마가
재워줘야 잠이 드는 것일까

잠잘 땐
천정을 보고 누워
양손 살포시
가슴에 올려놓아라

발은 항상
따뜻해야 하니
이불 속에 묻고.

돌강변에서

안산 아래 시냇가 휘돌아 흐르고
돌강변 가 널따란 하천가에
짙붉은 패랭이꽃 지천으로 피어 있다

그날 아버지랑
돌강변을 걷고 있었다

뽀드득뽀드득
"얘, 발밑을 좀 내려다보렴"
"왜요? 아버지"

이름 모를 새소리가
여울물 소리와 어우러져 구슬펐다
"아버지 돌 모양새가 다 달라요"

아버지는 내 손을 꼭 잡고
세모 네모 둥글 뾰쪽 갖가지 모양새들이
한데 어우러진 강변이란다

사람 사는 모양새도 마찬가지여서
잘나고 못난 사람 잘살고 못사는 사람이
다 함께 사는 게지.

새봄이 오나 봐요

새봄이 오나 봐요, 어머니
아직은 겨울인 듯 싶은데,
겨울인지 봄인지 잘 모르겠네요
왜일까요, 어머니
예전 같지 않게 말들이 잘 안 떠올라요
이러다 제가 바보가 되면 어쩌나요, 어머니
무슨 잘못이 있어 종일 아플까요
자신을 돌아보며 살 걸
평생 안 아프게 살 줄 알고 시건방지게 살았던 것 같아요
이제 웅덩이 속 개구리가 아니어요
네발로 팔짝팔짝 뛰어 산 너머 구경도 가볼래요
서 산 너머엔 무엇들이 있을까요
내 뜰 안에는 금쪽같은 아이들 청대처럼 푸르르고
밖에서는 못다한 것들 다시 해보자 하지만
과연 내가 잘할 수 있을까요, 어머니.

오월 단옷날

해마다 오월이 오면
아버지가 짚으로 틀어 올린 새 그네는
단옷날 내내 하늘을 날았고

윗동네 아랫마을 아낙들이
한데 모여 그네를 타면
쪽빛 치맛자락 구름에 닿았다

그날은 위 아랫마을 처녀 총각이
모두 모여 수리취 범벅을 먹는 날
갑사댕기 화르르 창공에서 휘날리고

도랑가 미나리 아재비꽃이
노랗게 벙긋벙긋 피어나고
그네 맨 버들개지 활활 춤을 추었다.

빈 도시락

아버지 도시락을 싸들고 가노라면
여름엔 너무 덥고 겨울엔 너무 춥고
빈 도시락 보자기에 누룽지 가득

왜일까, 직원들의 하얀 쌀밥상
보리밥 도시락을 고집하신 우리 아버지
그때는 까닭을 몰랐었지

지게에 쌀가마 얹어 보낸 그때 그 사람
월사금 한 번도 안 내주신 우리 아버지
그곳에 가면 반겨주는 이 많은데,
난 늦칠이 든다.

산에 잠든 외할머니

읍내 사시던 외할머니 부고장 날아올 때
어머니 대성통곡하시더니
측간 지시락에 부고장 꽂아두고
비녀 뽑아 품에 넣고 신발 벗어 손에 들고
맨발로 징검징검 산모롱이 돌고 돌아
마을 어귀 접어들어 곡하며, 절하며,
목 놓아 울며불며 몸부림친 어머니
산발머리 바람결에 너울너울 흩날려
애절해 뵌 어머니

머슴 등에 업힌 내게 내려오라 손짓하여
어린 딸 귀밑머리 산발산발 풀어헤쳐
꽃신 벗어 손에 들고 걸어라 이르시고
초상집 마당에 들어서니 백옥빛 옥양목 요위에
단정히 누워계신 외할머니
예뻐하던 외손녀가 찾아와도
어서 오라 한마디 말도 없이
미소 짓듯 잠든 모습,
철이 가고 해가 가도
새록새록 내 가슴에 남아 있네

눈꽃 같은 백상여가 허위허위 산에 올라

산에 누운 외할머니
봄이 오면 두견화로, 동지섣달 동백으로
붉게, 붉게 피어나는 외할머니
외손녀가 보고 싶어 심청처럼 환생 할까

시린 겨울 눈꽃으로 피어날까
산 추녀 비탈길에 오복조복 피어나는
허리 굽은 할미꽃, 외할머니 아니런가

인당수에 몸을 던진 효녀 심청 이야기
콩쥐팥쥐 장화홍련 옛이야기 들려주던
외할머니
봉분에 솔가지 꺾어 읍하고 오는 길에
참꽃 꺾어 화병에 꽂아놓고
불씨 묻은 놋화로에 작은 불씨 꺼내 침 발라
손에 들고 호호불어 등잔불 밝혀 놓고
밤이면 읽어주던 이야기 책장 넘기니
옛이야기가 방 안 가득 들려온다.

뽕밭 사잇길

오디가 익어가는 사월이 오면
할아버지가 삼아주신 왕골 꽃신을 신고
뽕밭 사잇길 조심스레 거닌다

가로수로 이어선 아카시아 연보라 꽃줄기
향기로운 꽃망울을 주절이 찰랑이고
뽕밭 이랑에선 약초들 속 양귀비가 뽐내던 곳

수다스런 아낙들이 뽕잎 따는 소리
때맞추어 목청껏 울어대는 청개구리 소리
아이들이 몰려와 오디 따는 저녁나절

잠실 채반에선
한 밥 잡힌 누에 밥 먹는 소리
소낙비 소리로 넘쳐날 때
시간은 밤물이 들고
이슥고,
남포등 불빛 아래 우리 모녀 마주 앉는다.

일요일엔 삼남매 내외와 함께

코로나 시대에 방에 갇혀 집안을 정리 하다 보니 한결 넓어지고 간편해져 편안하다 하릴없이 TV앞 소파에서 '걸어서 세계 속으로' 눈길을 돌렸다 때마침 전화가 걸려왔다 아들 딸 육남매 내외가 일요일마다 모이자는 것이다 온 식구 온천 식당에서 음식을 먹노라면 천국이 따로 있을까

화순 도곡온천엔 식당들이 많은데 긴 세월 단 한 명도 코로나 환자가 생기질 않을만치 공기가 청정하다 온천수엔 유황이 동동 떠 아니 좋은가 언제라도 달려가는 그곳은 우리 6남매가 낳고 자라 꿈을 키운 터전, 부모님 조부모님 삼대가 함께 살며 누리던 곳, 그 땅을 밟노라면 어른들의 체온이 몸에 스미는 듯하다

햇볕에 자란 천금채인 상추 쑥갓 아욱 가지 고추, 들녘에 놓아 키운 닭들이 낳은 청란을 박스에 가득 담고, 유황 온천수 물통에 담아 차 트렁크에 싣고 이웃과 나누면 참으로 뿌듯하다.

양귀비 일곱 송이

따스한 봄 햇살이 텃밭에 드리울 때
상추 싹이 파릇파릇 돋아 올랐죠
길섶엔 연보라 꽃다지 조롱조롱 피어나면
텃밭을 돌보는 할아버지
상추 사이에 촉을 튼 양귀비 새싹
일곱 포기 남겨두고
아침마다 도란도란 얘기를 나누셨다
"왜요? 할아버지 올해도 일곱 포기만이에요"
"그것이 그리도 궁금했던 게로구나!"

이윽고
은침 맞으러 오는 환자인가
양귀비처럼 뜨겁게
종종걸음치던 울 할아버지.

어버이날 생각

초등학교 때 어버이날
아이들과 선생님이 마주 앉아
창호지 오려 연필에 돌돌 오므려가며
장미꽃을 피워냈다

밥풀로 붙여 만든 꽃 한 송이
저고리 옷고름 새에 꽂아드리면
"꼬막 같은 손으로 어찌 만들었을꼬"
토닥여 주시는 어머니의 눈동자에
천진한 내 얼굴이 들어있었다

새벽에 나가신 아버지의 얼굴은
눈으로도 그릴 수가 없었는데
아버지 가슴에는 장미꽃 한 송이
어머니가 달아 드렸다
다음날 아침 마루엔 새 운동화가
나를 기다리고 있었다.

일기예보

버들가지 끝
파릇한 새싹이 쑥쑥 돋아 오르면
할머니는 반가워하셨다
'오랜만에 비가 내리려나보다'

뙤약볕 마당에 청띠 두른 지렁이가
흙고물을 묻히고 팔딱이면
큰물이 질 거라며 머슴들을 불러 세워
여기저기 도랑 치라 이르시고
창호지 우산과 우장을 챙겨 내놓더니

까만 개미들이 하얀 알 하나씩 머리에 이고
까만 실가닥을 늘어놓은 것처럼 줄지어 달리면
장마가 올 거라고 끼닛거리를
미리 챙기라 이르셨다

처마 밑에 지은 제비집 모양새를 보고
흉년일지 풍년이 들지 가늠을 하신 할머니,
뙈잎에 자국이 몇이나 있는지를 보시고도
장마가 몇 번이나 질 건지를 점치신 할머니

정월 보름 새벽녘 넓은 키에

보름나물 골고루 담아 외양간 황소 앞에 갖다 놓아주고
무엇을 먼저 먹는가를 보시고
새해엔 무슨 곡식이 잘되고 못될 것을 짐작하신 할머니
봄이면 참꽃 따서 전 부치고
오뉴월 찔레꽃 따서 떡을 빚던
할머니, 보고 싶어요.

우리 할머님

요즈음 천상 어디 궁전에 계시온지,
제 어릴 적 철없고 말수 적은 손녀랑
늘 손 맞잡고 뽕밭 사이길 거닐었죠

놓으면 넘어질까 한눈팔면 다칠세라
고이 다독이며 풀잎처럼 자라라고
할머니 무르팍 치마폭이 사랑 초년생 마당

뭣이든 눈여겨 보거라 귀담아 들어라
할 말, 안 할 말 가려할 줄 알아야
설자리 앉을 자리 가릴 줄 알아야 사람이라고

비단이 곱다한들 말보다 더 고울까
혹여 못 볼 걸 보거들랑 못 본 체 숨죽이라던
매번 이르시던 할머님 말씀 아련히 들리네요.

지난밤 꿈결에

꿈결에 찾아오신 반가운 아버지
연밤색 단벌 신사 수려한 모습이
어이해 가슴속이 이다지도 아려오는가

어둠이 짙어가면 뒤척이는 밤은 오는데
나 어찌 그냥 반갑기만 하온데
생각만 가득 넘쳐 서러움이 밀려들고

엊그제 같기만 한 어린 시절
아버지 모습 보니 그리운 우리 할머니
나 이제 할머니 모습 닮아가나 보다.

해 질 녘

처마 밑 낙숫물에 개미가 동동 떠가거나
해 질 녘 빛발이 서창에 비추면
꽃부전에 귓밥을 치던 때가 생각난다

달빛이 살포시 건넌방에 드리우면
멀어진 다듬이 소리 토드락토드락
온 밤을 채우고도 새벽으로 이어진다

아스팔트 길에 참새가 팔짝거리거나
늦여름 나뭇가지 모롱이 빈 까치둥지들이
이내 모습만 같아 시리도록 어설퍼진다

차운 바람결이 오지랖을 파고들면
다듬이로 윤을 낸 명주비단 설빔 생각에
훈훈한 어머니 손길이 그립다.

마중물 1

"누나 애들 아플 때 병원비 해요"
꼬깃꼬깃한 푸른 새 지폐
넣어 주곤 하더니만, 그 애들이 어른이 되었다

호롱불 아래서
몽당연필을 꼭 붙잡고
글씨를 쓰다 졸리울 때면
"그만, 저녁 먹어라" 이르면
"그냥 잘래"

그리하던 애들이
옳고 그름을 가려주는 어른이 되었고
아픔을 치유해주는 사람이란다

그러기에
꼬깃꼬깃 접힌 지폐가 마중물 되어
맑은 물이 방글방글 솟아오르는
옹달샘이 되었다.

마중물 2

새로운 일상에서
‘어찌해야 잘하는 걸까!’
물끄러미 앉아 있으려니

“얘야, 누구나 다 같이 맞이한
버거운 비대면의 삶에서
여벌이 없는 목숨 한 벌 잘 지켜내려면
네 발끝부터 치워 보거라”

안방 건넌방 장롱 속
두루두루 가려 치우고 나니
집안이 헐렁헐렁 넓어져
가슴이 확 트인 듯 가뿐하다

포근한 소파에 편히 앉아
더운 김 오르는 차 한 잔 앞에 놓고
TV를 여니
걸어서 세계 속으로
생생정보 속의 장인들
동네 한 바퀴 한국인의 밥상
생로병사
귀담아 듣고 눈여겨보면

지혜 슬기 표정 화법,
학교 문턱 드나들지 않았어도
다 배울 수 있어 좋지 않은가

하늘에서 일러주신 어머니의 말씀이
마중물이 되었다.

제2부

그곳에 가면

그곳에 가면

석류알 벙그는 소리
실개천 여울져 흐르는 소리
초가지붕 밑 참새 날아드는 소리
물찬제비 잠자리 물어 나르는 소리
이른 아침 우체부처럼 기쁜 소식 나르는 까치 소리
그 소리, 다들 어드메로 흘러갔을까

아까시 연보라 꽃줄기 수설이 피어
범나비 날아드는 강변 온통 향기롭던 곳

식물채집 곤충채집 하던 들숲
오늘은 보이지 않는 자동차 소리만 강물처럼 흐르는데
돌 강변 언저리엔 패랭이꽃만
붉게붉게 지천으로 피어있다

그 옛날, 아버지와
시냇가 돌강변을 맨발로 거닐 때면
뽀드득 빠드득 발바닥 간지럽히던
둥글넓적한 자갈들

잘 보거라,
틈새엔 뾰쪽한 세모 사금파리

갖가지 모양새들이 어우러진
아름다운 시냇가 돌강변
모두가 잘나고 잘살면
그 누가 부잣집 일을 도와주겠나
돌강변의 자갈들처럼 더불어 살아가는 게지.

고향 생각

눈 감고 달려가도 탈이 없는 모퉁이 길
올해도 능소화는 눈부시게 피었겠네
온천등 지나 저만치 고향 집이 보였지

도랑물에 나물 씻으면 데쳐지던 것
온천수 물이란 걸 그때는 몰랐었지
나물 먹고 물 마시며 살겠구나 싶었네

세월이 흘러서 온천장에 들어서니
그 언제 그랬을까, 참 좋은 고향인걸
온천탕 따스한 물에 노곤한 마음을 풀어놓네.

고향에서

한가위쯤
고향 집을 찾아갔더니
하늘엔
흰 구름만 동동 떠 가고
오랜 세월 어머님 손길 지나간 장독대에
봉숭아 쓸쓸히 피어나고 있었네

사립 밖 도랑에선
꽃가래 피라미들이 물살을 가르고
얽히고 설킨 사연들의
아련한 그리움들이
회어이 되어 미음이 지려오는데
처마 밑 제비집 거미줄에
오롯한 옛 얘기들이
아침 이슬처럼 빛나고 있었네.

꿈이 서린 고향

동구 밖 도랑에선 송사리 떼 노닐고
뽕나무 사이 길섶 양지녘 언덕바지
새하얀 찔레꽃이 꽃구름 피워내면

한아름 따다 아낙들이 떡을 빚던 곳
사월이 성큼 지나 칠월이 다가오면
누에는 섶에 올라 새하얀 집을 지었는데

새콤한 오디를 따먹던 아이들
어디에서 무엇 하며 살까
실 끝에 매달린 번데기 지금도 생각하는지

뽕잎이 꽃비단 되기 위해
봄가을 짙푸르게 피워내던
내 어린 꿈이 서린 곳

오월 단옷날엔 그네가 하늘을 날고
가을엔 쑥부쟁이 들국화 흐드러진 곳
청솔 다람쥐 상수리 가지를 타고 있을까.

고향 들녘

영벽정 물살 따라 예까지 흘러와서
유신강 구비 돌아 벼랑 아래 질펀히
옹기종기 가로누워 숲새에 이르렀나

그 옛날 황금밭은 간데없고
널따란 옥토 위에 어깨를 마주하고
저 많은 하우스 속에 누가 살고 있나

철을 모르는 작물들
딸기며 수박 참외 파프리카
영양분 가득, 먹음직한 이름들

온 들녘 차지하고 은연히 살고지고
올해도 작년에도 염치없이
움트고 넝쿨 뻗치어, 주렁주렁 풍년일세.

모시상보

어릴 적 초등학교가
집 앞 뽕나무 들녘 어귀에 있어
점심을 집에 와서 먹고 다녔는데
늘 삼촌이 업어다 주곤 했었지

우리 집 건넌방엔
겨릅대로 엮은 통가리 가득
가을밭에서 갓 캐온 연붉은 고구마가
훈훈한 흙냄새 물큰하게 풍기고

부엌방 윗목 사슴다리 둥근 밥상
모시상보를 걷어내면
돌미나리 씀바귀 쑥부쟁이 풋나물들이
나를 기다리고 있었다.

샛별

옛날
고향집 밤하늘에
반짝이던 길잡이 별
밤마다 누군가가
내 이름을 불러주었다
유년의 꿈을 키워주던 나의 별
지금도
고향 동산위에 떠있을까

밤마다
내 모습 지켜보며
가만가만 들려주던 꿈같은 옛이야기
지금도
고향집에 가면 들을 수가 있을까.

어떤 연가

해맑은 날에도
선율이 부드러운 밤이어도
생각 속에 잠겨드는 옛일들

빗물이 수런수런
풀잎을 적실 때나
눈발이 시나브로
땅 위에 내려앉으면
아련히 밀물지는 그리움 한 가닥

봄날 온갖 꽃 피어나고
탐스러운 열매들이 영글면
흑백필름처럼 떠오르는 동무들

제비가 고향집 처마에
집을 짓고 새끼 낳아
빈 집만 남긴 채
강남으로 가버려도
매양 맘속에 맴도는 옛일들.

화순 도곡 온천

우물을 파놓고
봄나물 캐어다 헹구니
푸나물이 데쳐져
마을 이름을 온천등이라고 했다는데
도곡 온천장으로 몸 풀러 가볼까.

우리나라 꽃

학교 정문 입구에
가로수로 서 있는 아름드리 벚나무
봄이 오면 꽃구름처럼 피었다가
비바람에 눈발처럼 흩어지고
매화꽃은 시디신 열매 매달았지

해방이 되던 그해 8월
태극기 휘날리며 목이 터져라
만세 만만세 합창으로
떠나갈 듯 외쳐댔었지

이후 일본 국화 벚나무는
싹둑싹둑 모조리 잘리우고
화려강산에 무궁화 심었지
서럽고 긴긴 나날 뒤안길로 사라지고
자유로운 세상 잘살아 보세
모두가 더덩실 어절씨구 춤을 추었지.

탱자꽃

약초밭 탱자울에 새하얀 꽃이 핀다
크고 작은 벌 나비 번갈아 날아들고

봄볕 바람결에 오동통 시퍼런 열매
오월 단옷날이 성큼 다가오면
오롯이 약이 찬 탱자 따는 날

감나무 그늘 아래 보료를 펼쳐 놓고
약작두 날을 세워 싹둑싹둑 썰고 썰어
멍석에 얄따랗게 골고루 펼쳐 널면

햇볕에 바싹바싹 둥글넓적 바삭바삭 말라
저울에 근을 달아 봉지, 봉지 담기워
할아버지 문지방에 대롱대롱 매달렸지.

담장에 피는 꽃

넝쿨째
아릿아릿
피어난 한여름 꽃

돌담장
타고 올라
짙붉게 수놓은 고운 손길

행여나
바람결에
임 소식 오시려나

단칼에
베인 듯 오롯이
뚝뚝 지는 선홍빛 능소화.

국화빛 그리움

가녀린 산국화 한 폭
분에 담아 창가에 놓으니
솔솔 풍기는 향이
방 안에 가득하다

금방 열릴 듯 싶은 들창 너머 저만치

초저녁 어스름을 휘감는 선율 사이로
국화 빛 그리움이 그냥
젖은 가슴을 밟고 간다.

방긋 웃고 있다

밤새 내리는 빗소리에
걱정되어 나가보니
빨강 하양 노랑꽃이
상냥하게 아침 인사를 한다

우리 괜찮아요
그래 참 잘했어

여적지 나와 함께하는
세월이 고마워
핑그르르
눈시울이 젖는다.

꽃은 사철 피어나

아침에 문을 열면
마당에 핀 꽃들이
날 보고 웃는다

상글거리는 저 눈빛
내 맘도
꽃으로 피어나는데

사철 꽃봉오리 시벙글고
나뭇가지에 포르르 날아든
꼬리 긴 철새 두 마리
내 가슴 언저리에서 노닌다.

동그란 송이에

나지막한 기슭에
형형색색으로 망울진
국화꽃 송이송이
벙긋벙긋 피어났다

동그란 송이에
그리운 얼굴들이
촘촘히 마주 보며
방긋방긋 웃고 있다

지금도 그 곳엔
국화꽃 빛들이 서리서리 피어나
해맑게 웃고 있을까

보고 싶은 얼굴들
모두 모여 뭐라고 속삭이며
상글상글 웃는 소리
나를 기다리고 있을까.

천금채千金菜

할머니 적 세상에서는 씨앗이 귀해
천금을 주고 사왔다 하여 천금채라 했다는
즐겨 먹는 상추
보릿고개 시절 텃밭마다 가꾸어서
대바구니 가득 솎아 철철 흐르는
도랑물에 헹궈내어
보리밥 한 사발에 온 식구가 싸 먹었던
그 이름 상추,
햇볕에 자라 유황이 들어있는 천금채
약방과 병원이 성글었던
어머니의 어머니 세상에서는
화병에나 불면증에나 아픈 곳마다
단방약이 되어 주었던 천금채,
조상들에겐 상치라는 이름으로 사랑받아 왔으나
지금은 배추의 이름 따라
다시 불리우는 이름 상추,
우리네 밥상 삼겹살 곁에서
사랑받고 있는 적상추 청상추
하우스 안에서 자라면 상추
노지에서 쨍쨍 햇볕을 받고 자란 이름은 천금채.

춘란

찬바람에 피어난
시린 몸짓

영창 안 조촐하게
봉긋 피어나는

고요한 그 미쁜 자태
이 마음 앗아가네.

어떤 초상

그네는
재 너머에
살고 있는

천년지기 친구,
사철 마르지 않는
해맑은 샘물

해마다 이맘때면
연분홍 꽃들이 황홀하게
피어나는 연못

사철 파란 하늘을 가슴에
담고 살아가는
물결 잔잔한 호수.

송덕비

춘하추동 한자리에 곧추서서
손수 세운 교정 지키고 계시온지
우뚝 선 발부리에 꽃씨 뿌려 드릴까

어사화 꽂은 선비 말 타고 내달려와
그 소망 이뤄줄까 학수고대 하시나요
새로운 인심 정녕 몰라 서늘하게 웃을까

수풀 아름드리 깊숙이 내린 뿌리
철 따라 피고 지는 꽃망울 송이송이
교정 가득 눈부시게 피운다.

제3부

봄비 내리는 날

봄비 내리는 날

봄비가
하도 좋아
옷깃을 적셨더니

숨기운
뽀얀 살결
눈부셔 가리우는데

아련한
옛날 생각에
꿈길을 헤맨다.

봄 언저리

해맑은 날에도
선율이 어여쁜 밤이어도,

빗물이 수런수런 내려도
때늦은 눈발이 시나브로 날리어도
생각 속에 머문 풀피리 소리

온갖 꽃들이 피어나는
오솔길을 걷노라면
아련히 밀물지는 그리움

제비 찾아와 집을 짓고
봄볕에 배추잠자리
바지랑대에 앉은 적요의 시간
생각 속에 잠겨드는 그림자 하나.

봄 향기

꽃들의
정열이
향기 품은 춘삼월

시새운
꽃바람에
움츠리는 석양 햇살

적막한 밤
풀잎을 적시는 이슬,
봄 향기에 취해 머물라.

봄소식

다락방 창 너머
나무 끝에

파르르 날아 앉은
꾀꼬리 한 마리

긴 꼬리 갸웃거리며
봄소식을 전한다.

봄이 오면

꽃샘추위 물러가고
별이 금모래인 양 반짝여
빛발이 이렇게 좋은 것을

네 것 내 것 가림이 없는
새하얀 대지 위에 마구 뒹구는
보들한 햇살

나뭇잎 풀잎
냇둑 밭둑이, 푸르게
제 모습을 드러내면

새 둥지에선 어미 새를 부르고
톡톡 터트리는 꽃송이가 샘이나
꾸러기 바람은 심술이 났나 보다.

춘분春分

밤과 낮이 가지런히
키 재기 하는가

온갖 꽃들이
다투어 피어나고

풀숲 둥지 어미 새
청새알 숨을 고르면

정자나무 가득
넓은 그늘 이루고

아이들 웃음소리
쪽빛 물살 타고 흘러간다.

봄날에

여덟 폭 병풍 속
꽃을 본다

어이해 벌나비는
춤추지 않는 건가

새들만 쌍쌍이 날며
온 방을 누비는가.

하지夏至

하늘 섶
물 머금은 구름
기슭에 짙은 안개

새파란
호숫가에
높새 이는 파도

소나기
지나간 산하
쌍무지개 떠있네.

입추 언저리

하얀 조각달이
서산으로 기울면
어머니 목소리
들릴 것 같다

세월이 흘러서
가을을 알리는 귀뚜라미
날개 부비는 소리

돌담길 가파른 길목에
저녁놀만 붉다.

가을 길섶에서

석양녘,
나뭇잎 바람결에 날리우면
스산한 가을 언저리 어설퍼 이운다

싸늘한 시간들이 가을 이랑에
도련이 옹기종기 모여 앉아
겨울로 가는 길을 묻는다

머물 줄 모르는 세월은
잠시도 쉴 틈이 없는데
계절을 그냥 가라 이르렀다

시간은
뒹구는 가랑잎 밟고
어디로 가고 있는가.

가을 문턱에서

영글어가는 가을 숲
가슴은 더욱 붉게 물들고
그리움이 밀물지는 마음 언저리
맴도는 기억들이 일렁이는데

수많은 날들이 봄을 지나 여름을 남기고
지난 사연들이 여름 지나 흔적을 남기고
옷깃을 스치는 인연이 가을 지나 그리움을 남기는데
하많은 기억들이 계절을 지나 흩어져 가면

어제도 그제도 가을 지나 어디로
내일도 모래도 가을 지나 어디로 가려나
그 무엇이 숨 가쁘게 되돌아오면

나는 어디를 향해, 얼마만큼 가야 하는가.

가을 언저리

대낮
하늘에 희미한 조각달
길을 잃은 채로 무심히 떠오르면
그 옛날
정겨운 목소리
들릴 것만 같구나

세월은 강물처럼 흘러만 가고
가을을 알리는가
귀뚜라미 소리 들리는
가파른 돌담길,
환하게 서녘 놀만 붉었네.

시월의 저물녘

가을이 선뜻 다가왔나 봐
아무런 기별도 없이
서늘한 갈바람 산들거리며

청량한 풀벌레 소리
귀뚜리 날개 부비는 소리
아련히 멀어져 가는데

쪽빛 하늘가 꽃구름 피어오르고
한가로이 코스모스 하늘거리는데
내 마음 속 가장 깊은 곳으로
파랑새 한 마리 살포시 날아오려나

저 들녘 벼이삭처럼 무르익던
사랑의 발자취 아련한데
이내 가슴에도 단풍이 물드나보다.

신문 한 조각

길섶에 펄럭이는
신문 한 조각
바람결 타고 왔나

너도
낙엽이고 싶었구나

오! 너로구나

내가
지나갈 줄을
넌 알고 있었구나.

어느 가을

높아만 가는 하늘
어설픈 가장자리에 뜬
한 가닥 구름은
내 그리움 같은 것

깊은 산자락 골짜기
단풍 나뭇잎 사이로 흐르는 실개천에
물그림자 드리울 때
살포시 비추이다 사라진 얼굴
누군가의 얼굴이네

높새바람 허위허위
가슴 뚫고 지나간 뒤에
나는 혼자 걸어가는 나그네였네

석양녘
산그림자 드리울 때
그 뒤를 따라 걸어오는 이
일생을 함께해온
쓸쓸한, 낯익은 얼굴이 있었네.

폭풍우 지나간 후

폭풍이 몰아쳐도
폭우가 쏟아져도
꽃잎은 저리 활짝
형형색색 피어나서

어쩌나 걱정되어
새벽 창문 열어보니
지네들은 괜찮다며
방긋방긋 웃고 있다

해가 반짝 비추이고
범나비들 날아들어
이 꽃 저 꽃 꽃술마다
입맞춤하는 사이

안산 기슭에
빨주노초파남보
나란히
쌍무지개 떴네.

삶의 향기

사철 피어나는
꽃들을 보고 있노라면
가슴이 환히 열리는데
지는 꽃이 아름답다

쌍쌍이 나는 새들의 날갯짓 소리
벌나비들의 입맞춤 소리

새 둥지에선 새끼들이
어미 새를 기다리고
들녘엔 오곡백과들이
영글어 가는 소리

시냇가 언덕바지엔 송아지들이
푸른 풀잎을 뜯고
초가지붕 위엔 새하얀 박꽃이
희디희게 피어난다.

초승달

초순이 지나면
순산을 위해
만삭으로 온밤을 밝히고
흐리고 갠 스물아홉 날
몸을 풀고 돌아온
가냘픈 초승달

또다시
잉태를 소원하는
청초하고 가녀린 몸매
궂은 날엔
그 모습 아련해

해맑은 날을
기다리고
기다리고.

장마

아침이면 깟, 깟, 깟.
기쁜 소식 날아다 준다는 까치들

금수강산을 헤집는 폭우에 젖어
소식들을 깜박 잊었을까

버드나무 우듬지에서
둥지 틀던 까치들
오늘은 보이지 않네.

밤 피리 소리

가슴은 단풍빛으로 물들고
마음은 서성이는 바람입니다

소원을 비는 보름달은
노송 가지에 걸려있고
심금을 울리는 밤 피리 소리
설레는 가슴 언저리를
꾹꾹 밟고 갑니다

아스라이
보일 것만 같은
보고픈 모습 아른거리고
촉촉이 젖어 드는 달빛 사이로
가냘피 멀어져 가는 밤 피리 소리.

제4부

노란 리본

노란 리본

바닷가에 펄럭이는 하많은 리본
얼마나 더 채워야 돌아오려는가

노란 리본으로 다리를 놓고
강울을 쌓았어도
만리장성이라도 쌓아 올려야 돌아올 셈이냐

이제 그만! 흔적이라도
어미의 품으로 돌아오려무나
가슴팍이 까맣게 타 재가 되어
강물에 흩뿌려야 할까보냐

기다리다 기다리다 지치면
그곳에서 어미를 기다릴 셈이냐
야속하고 무심한 사랑하는 아가야

노란 리본도 부질없고, 이 세상도 덧없어
아가야, 어미 가슴속에서
길이길이 오순도순 지내자꾸나.

단벌뿐인 목숨인데

여벌이 있다면 얼마나 좋을까
건져 올린 이마다 한 벌씩 나눠주게

하나뿐인 딸
둘도 아닌 아들
함께 기다려 줄 형제라도 있으면
조금은 힘이 될까, 위로가 될까
까맣게 타버린 재만 남은 어미 가슴

누군가 아무리 위로해도
귓가에 닿지 않고
허공만 맴돌아, 어디로 가야 하나.

세상에 이런 일이

별의별 일들이 많다고 하지만
세상에 이런 일도 있다 합디까

오랜 세월 고이 길러
날갯짓한다기에
그러라고 잠시
세상 구경 보냈더니

달이 가고 해가 가도
돌아 올 기약 없어
돌봄이는 무얼 하고
지킴이는 어디 갔나

노란 리본 펄럭이는
팽목항 바닷가에 주저앉아
기다리고 기다려도 돌아오지 않아
부르고 불러 봐도 대답이 없어라…….

아직도 아직입니까

학교에선 책상들이 기다리고
집에서는 눈물짓는 밥그릇이
온 세상 사람들 다같이
기다리고 기다리고 기다리고 기다리고

어서 와라 어서 와라 어서 오거라
오늘은 오고 있나
지금 저기 거친 물길 밟고 달려오는가
엄마, 하고 품안에 안겨들려나

돌아와라 돌아와 돌아와야지
눈앞에 다가선 듯 아른거리는
내 딸 내 아들, 내 새끼들
눈에 들어올 듯 손에 잡힐 듯

나날은 지고 새고, 새고 지고
오늘도 그냥 이렇게 지고 마는가.

기다리는 마음

그냥 있어도 먹먹한 가슴이
터질 것만 같은데
노란 리본 펄럭이는 바닷가에 주저앉아
기다리는 마음 어찌할까

하늘은 노랗고 바다는 까맣고
왜인지 누구 탓인지 알길 조차 묘연한데
그래도 무심한 바람은 물살을 철썩이고
밤 별들은 아는지 모르는지 깜박일까

오늘도 중천에 뜬 달은
돌아올 길 없는 외길을 따라
타박타박 서산으로 넘어간다

이렇게 서러운 날도
해는 이김없이 동녘에 떠오르고,
이윽고
애타는 날도 저물어 간다.

슬픈 고양이들

주야장천 몰아치는 장마에
어설픈 쪽박집도 날아가고
은신할 곳이라야
줄지어 선 자동차 바퀴 속

한여름엔 땡볕 피해
엄동설한에는 따스함 찾아
내 집인 양 지내다가
그만
바퀴에 짓밟힌 목숨들

곡식 축내는 쥐를 잡아 뽐내며
주인 사랑 받고 살던 것들
새끼 고양이가 귀엽고 예뻤는데
아이들이랑 올망졸망 장난치며 살았는데.

김향자 추모 시

삼가 당신의 명복을 빕니다

우리들의 기둥이었던 당신
여긴 어이 하라고 그리 쉽게 가셨나요
가야 할 것 같다고, 가야만 한다고
끝내 야멸차게 뿌리치고 먼길 떠나버린 당신

우리가 같이했던 숱한 세월
그 깊은 정 어찌하라고
훌쩍 떠나버리셨습니까
눈 감으면 떠오르는 당신
지우려 애를 써도 소용이 없네요

기어이 가실 줄 알았더라면
좀 더 잘할걸!
이다지 아쉬움만 남아 맴도는 그리움
어찌하여 삭힐까요, 어떠해야 좋을까요

말도 없이 떠나간 야속한 당신
뒤돌아보지 말고 이승의 미련 훌훌 떨치고 가십시오
가을이 오기 전 길가의 코스모스 곱게 피더니만
당신을 보내기 위한 배려인 것을 몰랐습니다

차디찬 바람결에 시나브로 내리는 눈발 속에서도
샛노란 야국이 저리 지천으로 슬피 피어나네요.

어느 날

내 나이 되어 보라는
그 말씀

사라져간 반백 년이
한나절 같다

아련한 애틋함이
물천에 찰랑이면

잔등 너머에
흰구름만 떠간다.

할미꽃

누가 내 청춘을 할미라
일컬었나

이렇듯 붉고 고운 꽃 빛깔
보이지 않는가

젊은 이 고운 꽃잎 눈 시려
못 보는 건 아닐는지.

거기 가보니

선조들과 함께했던
옛것들이 고스란히 숨을 쉬는
갖가지 헤아릴 수 없는 것들이 많더라

보리방아 쿵덕쿵 물이 불으니
시어머님 생각 절로 나는 디딜방아
설 명절이 다가오면 조선의 어머니들
설빔을 지으려고 명주실 비단 홍두깨에 돌돌 말아
토드락토드락 온밤을 지새우던 방망이 한 쌍
다듬돌 위에 가지런히 놓여 있다

날줄에 씨줄 넣어 마포 무명 베를 짜서
논밭 사들였다는 도투마리며 무명실 잣는
물레랑 날줄에 새겨 넣을 씨줄 담긴 북이며
지붕 밑 옹기종기 모여 앉아
시간이 가는 줄도 모른다

올벼쌀 만드느라 가마솥 가득 쪄서 말리던 멍석은
할 일을 잃고 돌돌 말려 걸려있고
꼴망태 신골 망태 소쿠리,
오줌싸개 소금 얻으러 가
물벼락을 맞았던 얄미운 키가 얌전히 기대서서

나를 보고 반갑게 웃으니
모두가 깔깔깔
집에 돌아와 가방을 열어보니
우르르 웃음소리가 쏟아진다.

그 사랑 아시리

깰세라 조심스레 너를 안고 잠 재우면
오묘한 작은 손길 그리도 어여쁠까
따스한 촉감 가슴에 스민 정, 그 신비함

흰 무명 기저귀 빨랫줄에 펄럭이면
양지 녘 햇살에 이맘 찬란히 빛나고
젖어드는 애틋함 핑그르르 눈시울 적시는데,

신기함 솟쳐 올라 하늘에 닿으려나
뜨거운 정, 아름아름 가슴 가득 사랑인데
이 세상 행복한 여인이 나뿐인가.

보성읍 용문길

살랑거리는 바람 뒤에 정다운 얼굴들이
성글게 서 있어 어찌 반가울까
방안에 갇혀 있다가 나들이를 하니
나날이 오늘만 같아라

쇠실마을 백범 은거 기념관
열화정 영화 촬영지 서편제 태백산맥 문학관
보고 들를 곳이 많아
나비처럼 이리저리
형형색색 피어 있는 꽃밭 위를
훨훨 나는 것만 같으느니.

아기 손톱

갓
난
아기
손가락
연분홍빛
여린 손톱
가녀린 손
손톱 끝이
가냘파서
초승달을
닮았을까
초가을 녘
단풍처럼
곱기도
하고
요.

6.25를 맞아

일제시대를 갓 지나
참혹한 전쟁의 후유증에서 벗어나
자유로운 나라
행복한 시대로 발돋움한 지
수십 년

고향을 지척에 두고
온 가족이 모인 설날에도
오곡이 무르익는 한가위에도
쓸쓸히 바라만 보아야 하는
우리 가족, 우리 친지들

오직 통일을 염원하며 소원하는
우리는 애달픈 한 뿌리 한겨레
더는 전쟁이 오지 않기를
저마다 간절히 두 손을 모았다.

*2017년 6월 25일 TV 앞에서

그리움

감으면 보이는 임
눈뜨고 그려 본다

입가에 번지는 미소
맘결에 스며오면

설익은 가슴 언저리
분홍빛으로 익는다.

그리운 마음

가슴 언저리에
덧칠을 하면
아련한 그리움이 펄럭이겠다

맘속에 잠겨드는
그리움 같이
꽃구름이 함초롬히 피어나겠다

청록바람 일어와
옷깃을 스치우면
설운 가슴 애달파 눈물 고이고

임 앞에 타오르는 향연과 같이*
성에 낀 유리창에
내 뜨거운 마음 아롱지겠다.

*이수복 시인의 「봄비」에서 차용

사랑의 전설

천년의 내 사랑은
소담하게 쌓아 놓은

한가위 쯤의
잘 익은 과일 같은 것

재 너머 떠오르는
초저녁 샛별같이

오랜 세월이 흘러가도
내 가슴 속에
그리도 빛나는가

아련히 들려오는
여울물 소리
가슴을 적시는 그리움.

일상에서

다람쥐 쳇바퀴 돌 듯
새벽같이 아침 지어 먹고 출근하고
퇴근하면 저녁 먹고 집안일 하기 바빠
시간을 쪼개고도 모자라
푹 쉴 수도 푹 잘 수도 없었는데
요즈음엔 온종일 포근한 소파에 앉아
손가락 하나로 TV를 이리저리 열면 별의별 것들을 만난다
걸어서 세계 속으로, 테마기행, 동네 한바퀴, 생생정보며
한국인의 밥상, 생로병사 가지가지 하많은 정보들이 쏟아진다
비행기 타지 않아도 돈 들이지 않아도 어디든지 갈 수 있다
때 되면 필요한 것들 주문 하면 군소리 없이 척척 대령하고, 치워주고 버려주고 세탁물과 이부자리 고슬고슬 말려 배달해주니 천국이 어디 따로 있겠는가
면역에 좋다는 영양제 지병 따라 좋다는 음식들 차고 넘치니 어찌 100세 인생 어렵다 하겠는가
집안에서 할 수 있는 운동, 공기청정하는 꽃나무까지.

바늘허리는 매 쓸 수 없어

바쁘다고만 하지 말고
아침 가슴에 기쁨 가득 담고
하루의 시간을 잘 마름질해 봐
시간이 생길 거야

힘들다 하지 말고
마음을 차분하게 열고
하루를 즐겁게 시작해 봐
하다보면 쉴 시간이 생길거야

일거리가 쌓였다고 허겁지겁하지 말고
먼저 할 일부터 하다 보면 시간이 남아
밀린 일들 하나씩 간추려
자투리 시간들을 여유롭게 쓰는 거야

하루의 시간을 잘 마름질하면
어머니 아버지께 편지를 띄우고
집 떠나간 아이들의 새 둥지도 들여다보고
그리고…….

세상사 별거던가

포근한 의자에 편히 앉아
손가락 하나만 까딱하면
걸어서 세계 속으로 테마기행 이런저런
세상 구경 다 하고 산다

모든 것이 편리하고 풍요롭고
곱고 아름답게 익어
완숙한 매력이 넘치는 삶을
맘껏 누리는 일상이 눈앞에 있지 않은가

들녘 비닐하우스에서
철 따라 과일들이 풍성하고
맛있는 음식들을 전화 한 통화면
집안에서 편히 먹을 수 있으니 이 아니 좋은가

식구들이 모여앉아 배불리 먹다 보니
옛날 생각이 절로난다
어머니 생전이었으면 얼마나 좋았을까,
지난 세월을 헤집어보니 눈물이 난다.

지나간 날들에 대한 회억과 그리움의 미학

강 경 호
(한국문인협회 평론분과 회장)

1.

"문학은 현실을 반영한다"는 명제는 그만큼 문학이 경험을 바탕으로 한 미학임을 말해준다. 사람마다 살아가는 방식이 다르고 지향하는 지점이 다르기 때문에 문학이라는 형식과 내용이 작가마다 변별력을 갖는다.

김능자 시인의 시는 자신이 경험한 시간이 응축되어 있다. 특히 노년의 시간을 보내고 있는 그의 작품들은 현재의 시점에서 바라보는, 유년에서 현재에 이르는 수많은 경험이 다양하게 소환되고 있다. 뿐만 아니라 축적된 시간 위에 시인 특유의 정서와 사유가 덧입혀지며 시적 메시지로 형상화된다.

이번 시집 『누군가 내 이름을 부르고 있다』는 최근 김능자 시인의 축적된 경험들이 여러 가지 시적 경향으로 나타난다. 그중에서도 어머니를 비롯한 가족애는 단연 그의 가장 큰 관심이다. 전통적으로 어머니는 그리움과 사랑, 희생의 상징으로 인식되어 왔는데, 김능자 시인의 시에서도 어머니는 자식을 위해 자신의 삶을 내어준 존재이자, 연민과 애도의 시선으로 다시 불려오는 존재로 자리한다.

이와 더불어 그의 주된 시적 소재는 '고향'이라는 장소성이다. 그가 고향에 대해 깊이 천착하는 것은 어머니와 마찬가지로 고향이 그리움을 유발시키는 까닭이며 많은 서사를 간직한 장소성을 띠기 때문이다. 여기에서도 유년의 고향은 물론 현재에 만나는 고향에 대한 친연성과 정감을 드러낸다.

제3부에 집약된 계절의 순환을 형상화시킨 시편들에서는 '봄'과 '가을'이라는 계절에 큰 관심을 보여준다. 생명을 상징하는 봄은 자연을 주요한 배경으로 원초적인 생명성을 노래하고, 가을은 자연을 통해 시인의 내면을 형상화시키고 있다. 이는 시인이 지향하는 정신세계에서 연유한다.

이외에 김능자 시인이 이번 시집에서 주목하는 것은 사회학적 상상력을 발현한 작품들이다. 2014년 우리 사회에 충격을 준 '세월호 사건'을 고통스럽게 바라보며 특히 자식을 잃은 부모의 처지에서 분노와 슬픔의 감정을 표출하고 있다.

이처럼 김능자 시인의 시는 삶의 경험을 미학적으로 서정화하며, 시인이 지향하는 세계관을 자신만의 목소리로 세계와 소통하고자 한다는 점에서 분명한 개성을 지닌다. 그리고 그의 시적 미덕은, 오늘날 점점 난해해지고 있는 우리 시의 우려를 불식시키고 독자들에게 쉽게 다가가기 위한 친화력을 지니고 있어 매우 긍정적이다.

2.

흔히 '여성'과 '어머니'는 구분되어 말해진다. 같은 여성이라 하더라도 자식을 잉태하고 낳아 기르는 어머니라는 존재는, 인간은 물론 동물을 포함한 모든 어미와 마찬가지로 자신의 유전자를 이어받은 생명체를 지키기 위해 본능적으로 헌신한다. 특히 한국 사회에서 어머니는 이러한 본능 위에 문화적 · 윤리적 역할이 덧씌워지며, 자신의 삶을 희생하는 데 주저하지 않는 존재로 인식되어 왔다. 이러한 환경 속에서 성장한 자식들에게 어머니는, 세상을 떠난 이후에도 깊은 그리움과 애도의 대상으로 남게 되며, 사모의 정은 더욱 각별해진다.

김능자 시인의 시편에 어머니를 향한 그리움과 뜨거운 마음이 유독 많이 표출된 것은 유년기에서부터 어머니가 세상 떠날 때까지 베풀어준 인정이 특별하였기 때문일 것이다.

「자갈밭에서」는 생전에 밭을 일구시던 어머니를 떠올리며 그리워하는 시적 화자의 마음이 잘 드러나 있다.

해마다 봄이 오면
척박한 자갈밭에
씨앗을 뿌리고 모종을 심으시던
어머니 생각

어스름한 새벽녘 쪽빛 차맛자락
바람결에 휘날리며
종종걸음으로 걸어가시던
그 모습이 사무치게 보고 싶네

어정어정 칠월이 가고

보름달이 둥둥 떠오르는 팔월
가을의 문턱에서 해가 서산으로 기울면
내 눈시울은 붉어지고

푸른 잎사귀들이 나래를 접고
밤새 내려앉은 풀물 든 이슬방울이
메뚜기들의 속날개에 젖어들면

자갈밭을 부릅뜬 눈으로 지켜보며
삐딱하게 서 있는 허수아비들
새들도 부러운 듯 비켜가곤 했네.

-「자갈밭에서」 전문

세상 떠난 어머니를 향한 시적 화자의 윤리감각이 돋보이는 이 작품에서 시적 화자는 "척박한 자갈밭에/ 씨앗을 뿌리고 모종을 심으시던/ 어머니 생각"에 젖어 있다. 농부가 봄날 전답에 씨앗을 뿌리는 일은 당연하지만, 이 작품의 기표 이면에서는 자식과 가족을 위하는 어머니의 마음이 읽힌다. '척박한 자갈밭'이 암시하듯 결코 넉넉한 살림살이가 아니기에 어머니의 '씨뿌리기'는 매우 고통스럽고 헌신적이다. "어스름한 새벽녘"이면 이른 시간이어서 편히 쉬지도 못하고 자갈밭에 씨를 뿌리는 어머니의 마음이 어떠했는지를 짐작하게 한다. 그러므로 유년의 어머니를 회상하는 시적 화자의 마음속에서 "종종걸음으로 걸어가시던/ 그 모습이" "사무치게" 다가오는 것이다. "보름달이 떠오르는 팔월"이 지나 척박한 밭에 나가 일하시던 어머니는 "가을의 문턱에서 해가 서산으로 기"우는 때까지 노동의 수고를 멈

추지 않았을 것이다. 시적 화자는 어린 마음이어도 "눈시울이 붉어"진 것이다. 가족사 중 특히 어머니의 삶은 가족을 위해 태어난 것처럼 '자갈밭'으로 상징화된 곤궁한 집안을 위해 자신의 일생을 바친 것임을 유추할 수 있다.

어머니를 그리워하는 김능자 시인의 시편들은 주로 돌아가신 이후의 심사가 많이 나타난다. 「이제 그만」에서는 "마지막 흙 한삽 뿌려얹고" 집에 돌아와 함께 지냈던 "아랫목에 흘린 세월 쓸어 안고 있었습니다"라고 당시를 떠올린다. 여기에서 '아랫목'은 방안에서 제일 따스한 공간으로 늘 자식들을 위해 마련한 어머니의 마음을 나타내는 표지로 읽을 수 있다. 시인은 저녁 무렵 서녘하늘이 붉게 물들면 "지석강가 자갈밭에" 서곤 하는데, "해설피 강물살 징검징검/ 오시던 빈 그림자"와 "손사래만 아련히 스러지"곤 한다. 이승과 저승의 경계인 '저녁놀 붉게 물든' 서방정토에 계실 어머니를 그리워하는 화자의 안타까운 마음과 가슴에 사무쳐오는 슬픔이 아프게 다가온다.

김능자 시인에게 어머니는 생전에 그랬듯이 세상 떠난 이후에도 여전히 시인의 삶에 깊숙이 들어와 있다.

> 마음을 둘 데 없을 땐 꽃 한번 만져보고
> 서러움이 밀물지면 깊고 푸른 하늘을 바라보며
> 억울하고 분할 땐 어머니를 부릅니다
>
> 가다가 막다른 골목에 서면
> 뒤돌아보고 벼랑을 내려다보고
> 어쩔까, 되돌아갈까, 강폭에 뛰어들까

그때마다
저만치서 부르는 귀에 익은 소리
아련히 들려오는 어머니 목소리
한사코 어머니 목소리를 붙잡고 갑니다.

-「낯익은 목소리」 전문

인간은 누구나 희로애락의 감정을 경험한다. 이러한 정서에 젖을 때마다 그것을 표현하는 방식은 모두가 다른 형태이다. 감각은 정신을 나타내는 표정으로 마음이 어떠한지를 보여준다. 주지하다시피 '정서'는 정제된 감정으로 서정시의 중요한 요소이다. 그러므로 시를 '정서'와 '사상'을 담아내는 문학형식이라고 하는 것이다.

시적 화자는 "마음을 둘 데 없을 때" "서러움이 밀물지면", 그리고 "억울하고 분할 때"를 경험하면서 "꽃 한 번 만져보고", "깊고 푸른 하늘을 바라보"고, "어머니를 부"른다고 진술한다. 시적 화자의 감정은 마음이 편한 상태가 아니다. 그럼에도 이 작품이 서정시로서의 품격을 지킬 수 있는 것은 감정을 정서화했기 때문이다.

살아가면서 '막다른 골목'으로 은유화된 출구가 막힌 아득한 상황에 처할 때 "뒤돌아보고 벼랑을 내려다" 보기도 한다. 지난날을 생각하기도 하고, '벼랑'이라는 위기에 처한 처지에 대해 절망하는 화자는 "어쩔까, 되돌아갈까, 강폭에 뛰어들까" 수많은 생각을 하며 고뇌하기도 한다. 심지어는 "강폭에 뛰어들까"가 말해주듯 자신의 생을 마감하고자 하는 지경에 이르기도 한다.

"그때마다/ 저만치서 부르는 귀에 익은 목소리"는 "어머니의 목소리"이다. 살아가는 일이 버거워 도저히 버티기 어려울 때 떠오르는 어머니의 모습에서 마음이 여려지고 가장 순수한 마음으로 되돌아가 생의 의지를 다시 회복하고자 한다. 그래서 시적 화자는 "한사코 어머니 목소리를 붙잡고 갑니다"라고 말하며, 생의 의지를 다진다. 비록 어머니는 세상에 안 계시지만, 그 목소리는 여전히 삶의 방향을 가리키는 나침반으로 기능하는 것이다.

생의 방향을 가르쳐주는 일은 어머니가 계셨던 시인의 유년에서도 작용하곤 했는데, 「어머니의 말씀」에서 잘 나타난다. "잠잘 땐" "양손 살포시/ 가슴에 올려놓아라", "발은 항상 따뜻해야 하니/ 이불 속에 묻고"가 바로 그것이다.

그리고 「새봄이 오나봐요」에서는 노년의 시간을 살아가고 있는 시인이 새봄이 오고 있지만, "겨울인지 봄인지 잘 모르겠네요", "예전 같지 않게 말들이 잘 안 떠올라요"에서 보듯 육신의 노화와 함께 분별력이 희미해지는 최근의 일상을 어머니에게 하소연한다. 그리고 "밖에서 못다 한 것들 다시 해보자 하지만/ 과연 내가 잘할 수 있을까요."라고 이승에 없는 어머니에게 길을 묻는다.

3.

서정시는 불화에서 화해로, 절망에서 희망으로 나아가며, 유년이나 고향에서 간직했던 순수한 마음이 세상살이를 거치는 동안 훼손되었을 때, 그 마음을 헹구고자 하는 정화 기제의 역할을 수행하는 것이 본질이다. 그리고 앞에서 살펴보았듯이, 어머니나 아버지와 함께했던 때를 상기하며 그러한 시간과 공간으로 회귀하고자 하는 욕망 또한 서정시를 쓰는 중요한 이유가 된다. 기독교적 관점에서 아담과 하와가 유토피아적 공간인 에덴동산에서 추방된 뒤 끊임없이 그곳으로 되돌아가고자 하는 의지는, 훼손되지 않은 인간의 가장 순수한 지점으로 회귀하고자 하는 이성을 지닌 것이 인간의 본능이라고 한 칼 융의 사유와도 다르지 않다.

김능자 시인의 이번 시집에는 손상되지 않은 원초적 대상으로 '고향'이 설정되어 있다. 이는 앞에서 살펴보았듯이, 시인이 현재 살고 있는 공간이 이미 타락한 모순과 결핍의 장소이기 때문이다. 그러므로 시인은 끊임없이 유토피아적 공간인 '고향'을 상기시키며, 그곳으로 회귀를 시도한다. 그러나 현재의 공간은 수십 년 전의 공간이 아니다. 이미 변해버린 고향이다. 시인의 고향은 오직 마음속에만 남아 있어, 그곳을 더욱 그리워하고 안타까워하게 되는 것이다. 이러한 시인의 감각은 결과적으로, 옛 고향을 통해 유년의 순수를 회복하고자 하는 데로 나아가며, 이것이 바로 김능자 시인의 고향 시편들이 지닌 핵심 정조라 할 수 있다.

동구 밖 도랑에선 송사리 떼 노닐고
뽕나무 사이 길섶 양지녘 언덕바지
새하얀 찔레꽃이 꽃구름 피워내면

한아름 따다 아낙들이 떡을 빚던 곳
사월이 성큼 지나 칠월이 다가오면
누에는 섶에 올라 새하얀 집을 지었는데

새콤한 오디를 따먹던 아이들

어디에서 무엇 하며 살까
실 끝에 매달린 번데기 지금도 생각하는지

뽕잎이 꽃비단 되기 위해
봄가을 짙푸르게 피워내던
내 어린 꿈이 서린 곳

오월 단옷날엔 그네가 하늘을 날고
가을엔 쑥부쟁이 들국화 흐드러진 곳
청솔 다람쥐 상수리 가지를 타고 있을까.

-「꿈이 서린 고향」 전문

"동구 밖 도랑에선 송사리 떼 노닐고/ 뽕나무 사이 길섶 양지녘 언덕바지/ 새하얀 찔레꽃 꽃구름 피워내"는 곳이 시적 화자의 고향이었다. 문명의 때가 묻지 않은 자연을 간직한 곳이기도 하다. 찔레꽃을 따다가 아낙들은 떡을 빚고, 여름이면 누에가 새하얀 집을 짓는 시골마을에서 아이들은 오디를 따먹기도 하였다. 그러나 오늘은 그 아이들이 어디에서 사는지 모른다. 자신의 삶을 찾아 고향을 떠나가 살고 있기 때문이다. '떡을 빚던 동네 아낙들'과 '오디를 따먹던 아이들'은 시적 화자의 기억 속에서 인정과 때묻지 않은 동심을 환기시키는 중요한 역할을 한다. 그러나 지금은 행방을 알 수 없는 옛 고향 사람들일 뿐이다. 그럼에도 불구하고 현재의 시점에서 그들을 떠올리는 일은 마음을 풍요롭게 하는 한편, 기억 속에만 존재하는 그들의 부재로 인해 안타까움과 그리움의 정서가 교차한다. 특히 뽕나무잎이 짙푸르고, 단오날 하늘을 날던 고향은 장소성으로서의 의미를 띤다.

장소성이란 이야기를 간직한 곳으로 시적 화자에게 추억과 더불어 생을 지탱하게 하는 힘으로 작용하기 때문에 의미가 깊다. 이 작품 속 장소성은 고향을 기억하게 하고, 현재의 시점에서 고향을 그리워하도록 만드는 역할을 한다. 더욱 가치있는 것은 "내 어린 꿈이 서린 곳"이라고 하여, 시인을 키운 터라는 것도 기억해야 한다.

이처럼 김능자 시인에게 '고향'은 추억뿐만 아니라 자신을 성장시킨 곳이기도 하지만, 누군가가 이름을 불러주기도 하는 특별한 곳이다.

옛날
고향집 밤하늘에
반짝이던 길잡이 별
밤마다 누군가가
내 이름을 불러주었다
유년의 꿈을 키워주던 나의 별
지금도
고향 동산위에 떠있을까

밤마다
내 모습 지켜보며
가만가만 들려주던 꿈같은 옛이야기
지금도
고향집에 가면 들을 수가 있을까.

-「샛별」 전문

새벽에 동쪽 하늘에서 유난히 빛나는 별이 '샛별'이다.

'금성金星' 또는 '계명성啟明星'이라고 불리우기도 하는 이 별은 일찍 일어나서 하루를 시작하는 부지런한 사람들을 인도하는 것처럼 인식되어 많은 시와 노래를 통해 호명되어왔다. 김능자 시인에게도 샛별은 특별한 이야기를 간직한 별이다. "옛날/ 고향집 밤하늘에/ 반짝이던 길잡이 별", 즉 샛별이다. 시적 화자에게 아직 어두운 새벽길을 안내하는 길잡이 별로 인식되어 있다. 그런데 "밤마다 누군가가 밤하늘에서/ 내 이름을 불러주었다". 실제로 어두운 하늘에서 누군가가 이름을 불러주었을 리 만무하지만, 화자는 그러한 느낌을 받았다고 한다.

앞에서 밝혔듯이 화자의 이름을 불러주었다고 할 수 있는 것은 '길잡이별'이기도 한 밝게 반짝이는 모습에서 그렇게 읽을 수 있는 것이다. 그러므로 "유년의 꿈을 키워주던 나의 별"이라고 하는 것이다. 그런데 "지금도/ 고향 동산 위에 떠 있을까"라고 묻는다. 유년에서 멀어진 화자의 삶에서 '샛별'을 잊고 살았기 때문이다. 그런 까닭에 화자는 더욱 고향 동산 위에 떠오르곤 했던 샛별을 잊지 못하고 호명하는 것이다.

어린 시절의 샛별은 "밤마다/ 내 모습 지켜보며/ 가만가만" 옛이야기를 들려주곤 했는데, "지금도/ 고향집에 가면 들을 수가 있을까."하고 고향에서처럼 다감하게 느껴졌던 샛별을 볼 수 있는지를 묻고 있다.

살펴보았듯이 김능자 시인에게 '샛별'은 밤하늘의 흔한 별 중의 하나가 아니라 '길잡이 별', '이름을 불러주던 별', '꿈을 키워주던 별', '옛이야기 들려주던 별'로 특별한 관계를 짓는다. 그런데 세상살이를 하는 동안 잊었던 별이 고향에 가면 여전히 볼 수 있을지에 대해 의문을 갖는다. '유년' 이라는 공간에서 빛났던 희망적인 존재와 재회함으로서 꿈을 키우던 시적 화자 자신을 다시 만나고자 하는 염원을 노래하고 있다.

이밖에 고향을 노래한 「고향 생각」에서 지금의 도곡 온천 지역 부근에 고향집이 있었던 김능자 시인이 도랑물에서 나물을 씻으면 나물이 데쳐졌던 온천에 관한 일화를 소개하고 있다. 이제는 온천이 개발되어 온천장에서 노곤한 몸과 마음을 녹인다고 한다.

또한 「고향에서」는 한가위에 찾아간 고향집에서 어린 시절의 다정하고 인정 어린 이야기들을 떠올리며 그리움을 드러낸다. 어머니의 손길이 묻어 있는 장독대와 쓸쓸하게 피어난 봉숭아를 바라보는 시인의 심사는, 회억에 잠긴 정서를 애잔하게 드러내고 있다.

4.

우리나라는 사계절이 뚜렷하여 계절의 변화를 느낄 수 있다. 그러므로 계절에 따라 풍경은 물론 삶의 양식, 그리고 그때마다의 정서적 감각 또한 다양하게 인지할 수 있다. 김능자 시인의 시편들에서도 펼치는 시상이 다를 수밖에 없다. 이 시집에서는 '봄'과 '가을'을 노래한 작품들이 유독 많이 눈에 띈다. 그것은 시인이 사계절 중 봄과 가을에서 정서적 감응이 특별하기 때문이다. 봄은 만물이 깨어나는 생명의 계절로 시인의 내면에 깃든 생명성과 더불어 봄날의 심사를 시인의 체험을 바탕으로 재구성한다. 그리고 가을 시편들에서는 가을의 풍정을 그림 그리듯이 주로 시각적 이미지를 통해 역시 시인의 삶을 대입시켜 여러 가지 감정들을 형상화하고 있다. 이렇듯 김능자 시인이 계절을 시적 제재로 삼은 작품들은 '풍정', '생명성', '그리움의 정서'를 표현한 것들로 봄과 가을이라는 계절에 친숙하기 때문이다.

해맑은 날에도
선율이 어여쁜 밤이어도,

빗물이 수런수런 내려도
때늦은 눈발이 시나브로 날리어도
생각 속에 머문 풀피리 소리

온갖 꽃들이 피어나는
오솔길을 걷노라면
아련히 밀물지는 그리움

제비 찾아와 집을 짓고
봄볕에 배추잠자리
바지랑대에 앉은 적요의 시간
생각 속에 잠겨드는 그림자 하나.

-「봄 언저리」 전문

봄에 내리는 비는 생명성을 고양시키는 역할을 한다. 그러므로 "빗물이 수런수런 내"린다고 한다. '수런수런'은 본래 부사이기는 하지만 여러 사람이 한데 모여 수선스럽게 자꾸 떠들어대는 소리, 또는 그 모양을 나타내기 때문에 의성어와 의태어적인 속성을 가진다. 봄비가 내리는 모습을

'수런수런'이라고 표현함으로써 생동감 있게 내리는 비라는 것을 잘 나타낸다. 그리고 "제비 찾아와 집을 짓고/ 봄볕에 배추잠자리/ 바지랑대에 앉은 적요의 시간"이라고 봄날의 서정을 시각적으로 형상화한 것은 봄이 생명의 계절이면서도 한가롭고 평화로운 계절임을 말해주고 있다.

이 작품은 시제가 암시하듯 '봄 언저리'에서 시적 화자가 바라보는 풍정과 더불어 생명의 환희와 아름다움을 노래하고 있다. 아직 이른 봄이어서 가끔 "때늦은 눈발이 시나브로 날리"우는 무렵이다. 이때쯤 화자는 "오솔길을 걷"기도 하는데, 그리움이 밀물진다고 한다. 더불어 봄을 맞는 화자의 심사가 "생각 속에 잠겨드는 그림자 하나"가 있다고 한다. 그러나 이 작품에서는 마음속 깊은 곳에서 나타나는 그림자의 실체는 분명하지 않다. 그럼에도 유추해 볼 수 있는 것은 "생각 속에 잠겨드는 그림자"는 봄날의 서정과 관련된 시적 화자의 경험 속에 있는 특별한 무엇이라고 할 수 있다.

봄을 노래한 김능자 시인의 시편들은 모두가 단상斷想 형식이다. 그것은 짧은 형식으로 보다 선명한 이미지를 통해 단호한 메시지를 전하고자 하는 시인의 의도가 반영된 것으로 「봄향기」는 9행 형식으로 "향기 품은 춘삼월", "움츠리는 석양 햇살", "풀잎 적시는 이슬" 등에서 보듯 봄날의 서정을 간명하지만 분명한 이미지로 형상화하는데 용이하다. 특히 어미를 명사화시켜 이러한 점을 강조하는 효과를 거두고 있다.

「봄 소식」도 이와 궤를 같이하고 있다. "다락방 창 너머" "꾀꼬리 한 마리"라고 한 짧은 시행만으로도 봄을 맞는 화자의 심사가 잘 전해지고 있다.

다음은 '가을'의 서정을 형상화한 작품이다.

높아만 가는 하늘
어설픈 가장자리에 뜬
한 가닥 구름은
내 그리움 같은 것

깊은 산자락 골짜기
단풍 나뭇잎 사이로 흐르는 실개천에
물그림자 드리울 때
살포시 비추이다 사라진 얼굴
누군가의 얼굴이네

높새바람 허위허위
가슴 뚫고 지나간 뒤에
나는 혼자 걸어가는 나그네였네

석양녘
산그림자 드리울 때
그 뒤를 따라 걸어오는 이
일생을 함께해온
쓸쓸한, 낯익은 얼굴이 있었네.

-「어느 가을」 전문

이 작품은 앞에서 살펴본 봄을 그린 작품들과는 그 양상이 다르다. 봄 시편들에서는 봄날 일어나는 자연의 모습과 이로 인한 화자의 내면을 노래한 바 그 무게가 주로 풍정 쪽으로 기울었다면, 가을 시편들에서는 가을이라는 공간 속에서 느끼는 시적 화자의 내면 풍경에 무게를 두고 있다.

이 작품에서의 중심 시어인 '그리움', '누군가의 얼굴', '나그네'가 말해주듯 가을날 자연의 모습인 '구름'에서 그리움을 잉태하고, 실개천 물그림자에서 언뜻 비추다 사라지는 누군가의 얼굴을 떠올린다. 그리고 높새바람이 지나간 뒤에는 "혼자 걸어가는 나그네"로 화자를 그리고 자연의 이면에 드리운 심상을 비춰주고 있다. 마지막 연에서는 "석양녘/ 산그림자 드리울 때/ 그 뒤를 따라 걸어오는 이/ 일생을 함께해온/ 쓸쓸한, 낯익은 얼굴이 있었네."라고 가을 석양 무렵을 맞는 화자의 내면을 형상화시켰다. 그런데 "산그림자 드리울 때/ 그 뒤를 따라 걸어오는 이"가 자신과 일생을 함께해온 '낯익은 얼굴'이라고 함으로서 이 작품이 단순하게 가을의 서정을 노래하는 것만은 아니라는 것을 암시한다. 어쩌면 오래 마음속에서 간직해온 누군가일 수도 있고, 시적 화자 스스로를 나타내는 표지일 수도 있어, 다의적으로 해석이 가능하다.

가을을 형상화한 시편 중에서 「시월의 저물녘」은 '서늘한 갈바람', '청량한 풀벌레 소리', '코스모스', '단풍' 등 가을을 나타내는 시어들을 통해 '시월의 저녁'을 서정적으로 표현하고 있다. 특히 "내 마음속 가장 깊은 곳으로/ 파랑새 한 마리 살포시 날아오려나"하고 있는 대목에서는 '파랑새'로 은유화된 '사랑', '꿈', '희망'에 대한 기대와 그리움을 담아내고 있어 이 작품의 품격을 높이고 있다.

가을은 쇠락의 계절이어서 겨울로 가는 길목이다. 「가을 길섶에서」는 "머물 줄 모르는 세월은/ 잠시도 쉴 틈이 없는데/ 계절을 그냥 가라 이르렀다"에서 보듯 '시간'의 연속상에 있는 가을이라는 계절을 붙잡지 않고 그냥 가라고 말하는 화자의 시간관과 시간 속에서 존재하는 인간의 한계와 더불어 우주적 질서에 순응하는 세계관을 잘 보여주고 있다.

5.

문학을 윤리적인 역할을 강조하는 "문학은 현실을 반영하는 거울이다"는 명제는 우리 사회의 제문제들에 문학이 외면하지 않고 참여한다는 의미를 지닌다. 특히 시인이 사회적 파장을 일으킨 여러 사건과 제문제를 시를 통해 발언함으로서 독자들과 소통을 시도하여 사회적 문제를 함께 공유하는 일이 서정시의 또다른 효용성이기 때문이다. 그러므로 시인이 우리 사회의 상처와 고통을 함께하지 않고 음풍농월을 노래하거나 자신의 삶에만 천착한다면 시인으로서의 책무를 유기하는 일이 될 것이다.

김능자 시인의 사회학적 상상력을 드러내는 시편들은 특히 우리 사회에 크나큰 문제의식을 노출한 이른바 세월호 사건으로 인한 유족들의 아픔을 온몸으로 체화함으로서 시인도 동참하고자 한다.

바닷가에 펄럭이는 하많은 리본
얼마나 더 채워야 돌아오려는가

노란 리본으로 다리를 놓고
강울을 쌓았어도
만리장성이라도 쌓아 올려야 돌아올 셈이냐

이제 그만! 흔적이라도
어미의 품으로 돌아오려무나
가슴팍이 까맣게 타 재가 되어
강물에 흩뿌려야 할까보냐

기다리다 기다리다 지치면
그곳에서 어미를 기다릴 셈이냐
약속하고 무심한 사랑하는 아가야

노란 리본도 부질없고, 이 세상도 덧없어
아가야, 어미 가슴속에서
길이길이 오순도순 지내자꾸나.

-「노란 리본」 전문

'노란 리본'은 '무사귀환 · 안전을 바라는 마음'이 깃들어 있다. 2014년 세월호 실종자와 희생자를 위해 "무사귀환을 기원한다"는 문구와 함께 팽목항을 비롯한 공공장소에 매달아졌다. 이후 재난 상황에서 이러한 의미로 보편화되어 노란 리본을 사용하고 있다. 시적 화자는 세월호 침몰사건으로 희생된 사람들을 추모하기 위해 바닷가에 갔는가 싶다. 그곳 "바닷가에 펄럭이는 하많은 리본"을 바라보며 마음이 슬프다. "얼마나 더 채워야 돌아오려는가"라며 죽은 이들이 다시 살아오기 위해서는 얼마나 많은 노란 리본이 필요한지를 묻는다. "노란 리본으로 다리를 놓고" "만리장성이라도 쌓아올려야 돌아올 셈이냐"고 울부짖는다. 그러나 죽은 자들은 말이 없고, 살아서 돌아오지 못함을 잘 알고 있다.

당시 온 나라 사람들에게 충격을 준 이 사건은 날마다 텔

레비전을 통해 인양 장면을 지켜보면서 우리 사회가 재난에 얼마나 취약한지를 알게 되고, 국민의 생명과 재산을 지켜주지 못하는 현실에 절망하였다.

시적 화자는 세월호 참사현장에서 제일 가까운 항구인 팽목항에 달려가 근심과 슬픔의 감정으로 죽은 자들을 애도하며 유족들을 위로하였다. 이 작품에서는 "이제 그만! 흔적이라도/ 어미의 품으로 돌아오려무나"에서 보듯 시신도 못 찾은 자식들을 기다리는 어머니의 안타까운 심정을 헤아린다. "그곳에서 어미를 기다릴 셈이냐/ 야속하고 무심한 사랑하는 아가야"라고 울부짖는 어머니의 처지가 되기도 한다. 그러므로 "노란 리본도 부질없고, 이 세상도 덧없"음으로 돌아오지 않는 자식에 대한 어머니의 원망과 슬픔이 극대화되어 독자들의 가슴을 울린다.

김능자 시인의 이번 시집에서 사회학적 상상력을 묘파한 시편들은 주로 세월호 참사를 소재로 한 작품들로 집중된다. 하나의 사건을 슬픔과 비탄의 정조로 노래한 시편들은 한결같이 절망의 언어일 수밖에 없다. 「단별 뿐인 목숨인데」에서는 "목숨도 여벌이 있다면 얼마나 좋을까"라고 불가능한 일을 꿈꾸지만 현실은 그렇지 못한 것이기에, 「노란 리본」에시처림 "누군가 아부리 위로해도/ 귓가에 닿지 않"는다고 할 뿐이다.

「세상에 이런 일이」에서도 여전히 비탄과 절망의 언어가 울부짖는다. "노란 리본 펄럭이는/ 팽목항 바닷가에서 주저앉아" 돌아오지 않는 자식의 이름을 부르는 부모의 절규만 메아리도 없이 바닷가로 흩어지는 상황을 보여주고 있다.

「아직도 아직입니까」는 수학여행을 떠난 자식이 금방 "엄마" 하고 달려올 듯한 생각으로 자식을 기다리는 어머니의 간절함이 배어있다.

학교에선 책상들이 기다리고
집에서는 눈물짓는 밥그릇이
온 세상 사람들 다같이
기다리고 기다리고 기다리고 기다리고

어서 와라 어서 와라 어서 오거라
오늘은 오고 있나
지금 저기 거친 물길 밟고 달려오는가
엄마, 하고 품안에 안겨들려나

돌아와라 돌아와 돌아와야지
눈앞에 다가선 듯 아른거리는
내 딸 내 아들, 내 새끼들
눈에 들어올 듯 손에 잡힐 듯

나날은 지고 새고, 새고 지고
오늘도 그냥 이렇게 지고 마는가.

-「아직도 아직입니까」 전문

설레고 부푼 마음으로 떠났던 수학여행 중에 맹골수도에서 화를 당한 안산고등학교 "학교에선 책상들이 기다리고" 졸지에 자식을 잃은 부모들은 "집에서는 눈물 짓는 밥그릇이" 온 세상 사람들과 함께 기다리는 아이들을 "어서 와라 어서 와라 어서 오거라"라고 애타게 염원하지만 돌아오지 않는 현실에서 “지금 저기 거친 물길 밟고 달려오는” 것처럼, 그래서 “엄마, 하고 품 안에 안겨들” 것 같은 착시와 환청에 시달리기도 한다. 꼭 살아서 돌아오기를 바라는 부모의 아픈 심정은 날마다 “돌아오라 돌아오라 돌아와야지”라고 소리칠 때면, “눈 앞에 다가선 듯 아른거”린다. 그러므로 “내 딸 내 아들, 내 새끼들/ 눈에 들어올 듯 손에 잡힐 듯”하지만 “오늘도 그냥 이렇게 지고 마는가.”라는 절망의 언어밖에 새길 수 없는 시적 화자의 고통스러움이 투사되어 있을 뿐이다.

세월호 참사를 피를 토하듯, 동어반복을 할 수밖에 없는 시편들은 ‘죽음’이라는 비극적 상황에서 시인의 언어가 갖는 한계가 어떠한지를 잘 말해준다.「기다리는 마음」은 어린 학생들의 죽음 앞에서 “하늘은 노랗고 바다는 까맣”다고 할 수밖에 없는 시인의 절망이 배어있다. “왜인지 누구 탓인지 알 길조차 묘연”하다는 말밖에 할 수 없는 것도 시인의 심정이다. 그래도 세상은 여전히 아무 일 없는 것처럼 날이 새고 저무는 것에 시인은 절망한다. “무심한 바람은 바다 물살을 철썩이고” 밤 별들은 깜박임을 멈추지 않는다. 그리고 달 또한 동녘에서 떠올라 서산으로 기우는 현실을 그대로 시로 형상화시킴으로서 슬픔을 배가시킨다.